Impressum
Verlag: BABADADA GmbH, Nedderfeld 112 , 22529 Hamburg
Geschäftsführer / Verlagsleitung: Harald Hof
Druck: Books on Demand GmbH, In de Tarpen 42, 22848 Norderstedt

Imprint
Publisher: BABADADA GmbH, Nedderfeld 112 , 22529 Hamburg, Germany
Managing Director / Publishing direction: Harald Hof
Print: Books on Demand GmbH, In de Tarpen 42, 22848 Norderstedt

shule
dugsi

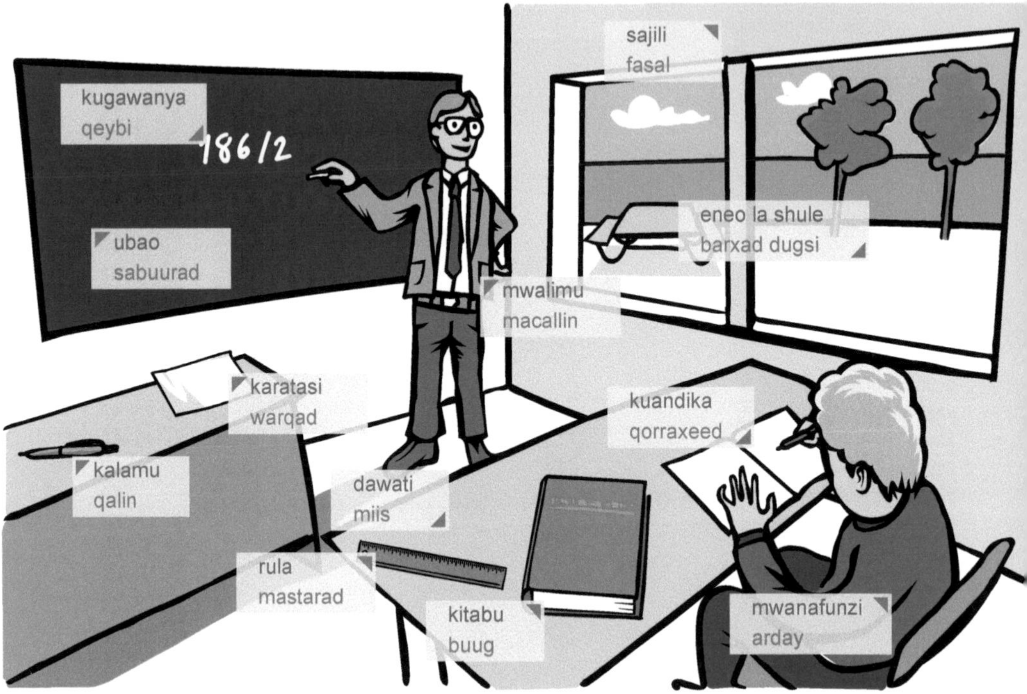
sajili
fasal
kugawanya
qeybi
186/2
eneo la shule
barxad dugsi
ubao
sabuurad
mwalimu
macallin
karatasi
warqad
kuandika
qorraxeed
kalamu
qalin
dawati
miis
rula
mastarad
kitabu
buug
mwanafunzi
arday

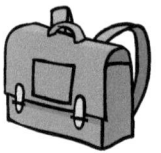

mkoba

boorso

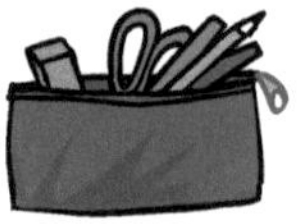

kikasha cha penseli

kiis qalin-qori

penseli

qalin-qori

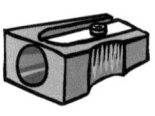

kichonga penseli

koobka qalin qor

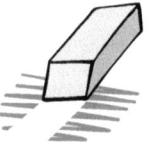

mpira

titirre

pedi ya kuchora

buugga sawirka

uchoraji
sawirid

brashi ya rangi
burushka midabaynta

sanduku la rangi
gasaca midabaynta

mkasi
maqasyo

gundi
koollo

daftari
buug qoraal

kazi ya nyumbani
shaqo-guri

nambari
lambar

jumlisha
ku dar

ondoa
ka jar

zidisha
ku dhufo

kokotoa
xisaabi

barua
warqad

alfabeti
alifbeeto

neno
erey

maandishi
qoraal

kusoma
akhri

chaki
jeesto

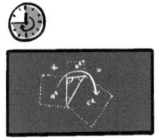

somo
cahsar

sajili
diiwaan

uchunguzi
imtixaan

cheti
shahaado

sare za shule
direes dugsi

elimu
waxbarasho

elezo
diwaan mowduuceed

chuo kikuu
jaamacad

darubini
mayskariskoob

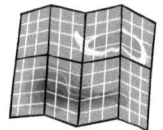

ramani
khariidad

kikapu cha kuweka karatasi chafu
haan qashin-gur

usafiri
safar

Grand
hoteli
hoteel
hosteli
hoteel jiif-cunto
ofisi ya ubadilishanaji
xafiiska sarrifaka lacagaha
sanduku
shandad-dhar
gari
baabuur

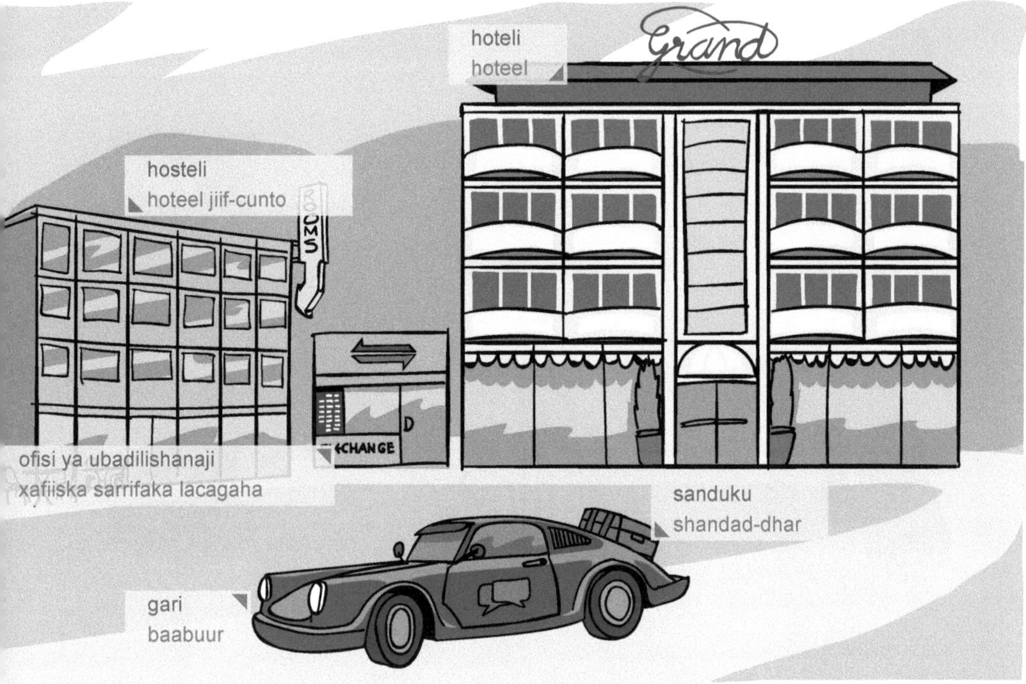

lugha
luuqad

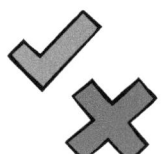

ndiyo / la
haa / maya

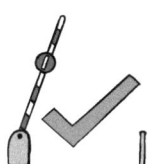

sawa
Hagaag

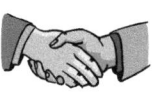

hujambo
nabad miyaa

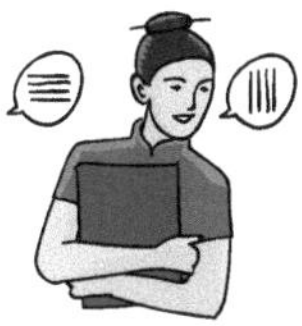

mtafsiri
turjumaan

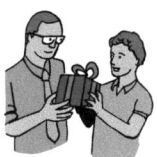

Asante
Waad mahadsan tahay

kiasi gani ni ...?

waa immisa...?

Sielewi

ma aanan fahamin

tatizo

dhibaato

Jioni njema!

galab wanaagsan!

Habari za asubuhi!

subax wanaagsan!

Usiku mwema!

habeen wanaagsan!

kwa heri

nabad gelyo

mwelekeo

jiho

mizigo

alaabo

mfuko

boorso

shanta

boorso-dhabar

mgeni

marti

chumba

qol

begi la kulalia

katiifad

hema

teendho

taarifa ya utalii
....
xog dalxiis

ufuo
....
xeebta

kadi
....
kaar amaah

kifunguakinywa
....
quraac

chakula cha mchana
....
qado

chakula cha jioni
....
casho

tiketi
....
rasiid

kuinua
....
wiish

muhuri
....
tiimbare

mpaka
....
xuduud

mila
....
qeybta-canshuur-bixinta

ubalozi
....
safaarad

visa
....
dal ku gal

pasipoti
....
baasaboor

usafiri
gaadiid

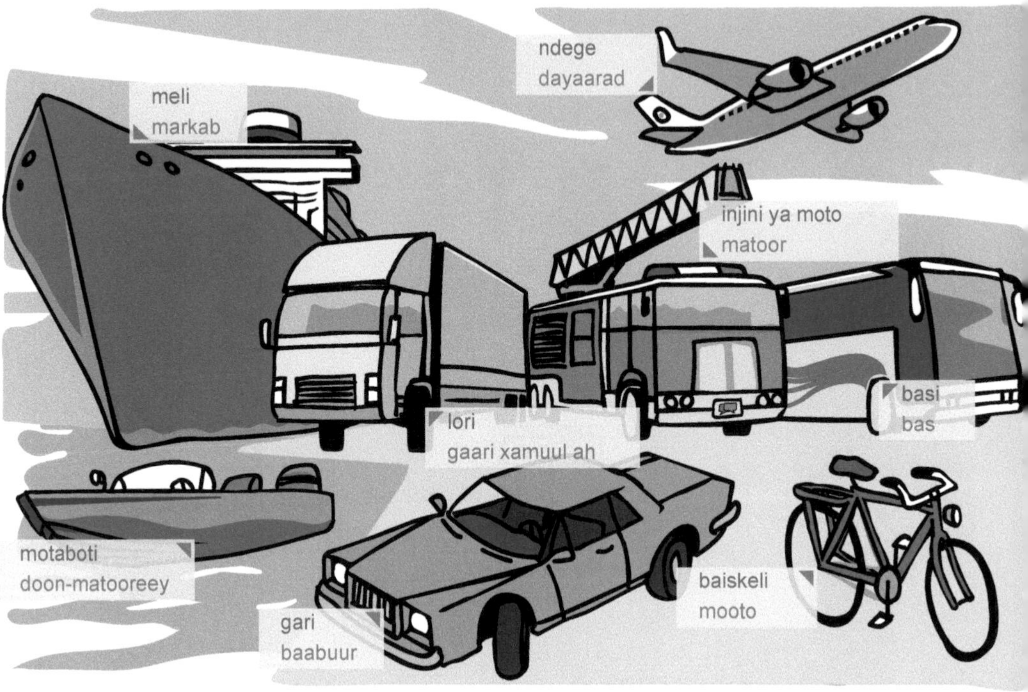

ndege
dayaarad
meli
markab
injini ya moto
matoor
basi
bas
lori
gaari xamuul ah
motaboti
doon-matooreey
baiskeli
mooto
gari
baabuur

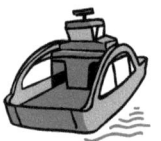

feri

doon

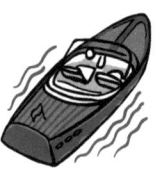

mashua

doonnida

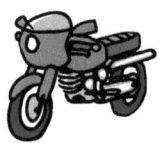

pikipiki

mooto

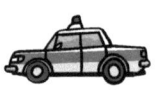

gari la polisi

baabuur booliis

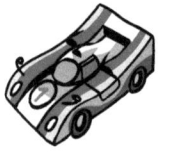

gari la mashindano

baabuur baratan

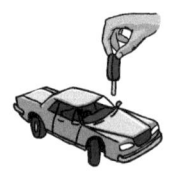

gari la kukodisha

baabuur la-kiraysto

kushiriki gari

gaadiid-wadaag

lori la kuvuta

wiishle

ukusanyaji taka

gaari qashin-gure

motor

matoor

mafuta

shidaal

kituo cha mafuta

ajib

ishara trafiki

calaamad taraafiko

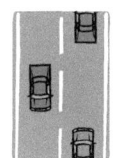

trafiki

taraafiko

msongamano

jaam baabuur

maegesho

baarkin-baabuur

kituo cha treni

boosteejo tareen

reli

waddo-tareen

garimoshi

tareen

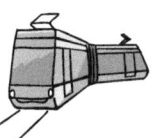

tremu

taraam

gari la mizigo

gaari faras

helikopta

helikobtar

uwanja wa ndege

garoonka dayuuradaha

mnara

manaarad

abiria

rakaab

chombo

weel

katoni

kartoon

mkokoteni

gaari faras

kikapu

dambiil

ondoka

kicid / degis

jiji

magaalo

kijiji

tuulo

katikati ya jiji

faras magaale

nyumba

guri

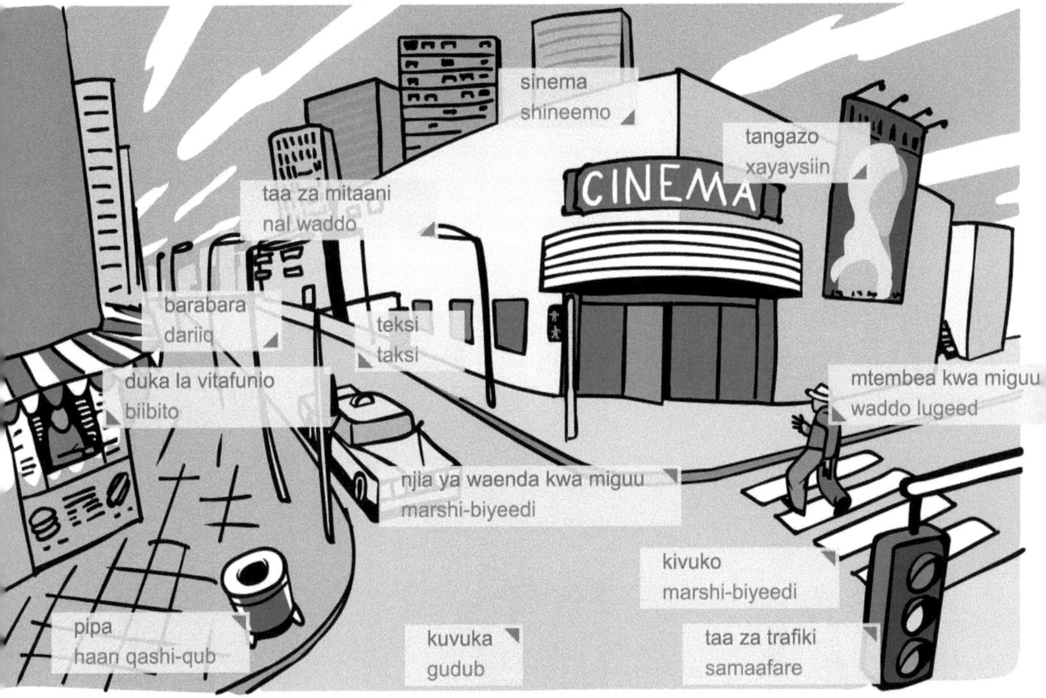

sinema
shineemo

tangazo
xayaysiin

taa za mitaani
nal waddo

CINEMA

barabara
dariiq

teksi
taksi

duka la vitafunio
biibito

mtembea kwa miguu
waddo lugeed

njia ya waenda kwa miguu
marshi-biyeedi

kivuko
marshi-biyeedi

pipa
haan qashi-qub

kuvuka
gudub

taa za trafiki
samaafare

kibanda

mundul

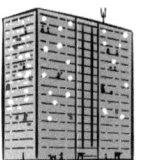

gorofa

dabaq

kituo cha treni

boosteejo tareen

ukumbi wa mji

xarunta dowladda-hoose

Makavazi

matxaf

shule

dugsi

chuo kikuu

jaamacad

benki

bangi

hospitali

isbitaal

hoteli

hoteel

duka la dawa

farmasi

ofisi

xafiis

duka la kitabu

buug shoob

duka

dukaan

duka la maua

dukaan ubax

dukakuu

carwo

soko

suuq

idara ya kuhifadhi

suuq weyne

mwuza samaki

kalluun-iibshe

kituo cha ununuzi

suuq

bandari

furdo

Hifadhi
jardiino

benki
kursi

daraja
buundo

vidato
jaraanjaro

chini ya ardhi
waddo-tareen-hoosaad

handaki
waddo-dhul hoose

kituo cha mabasi
boosteejo

bar
baar

mgahawa
makhaayad

sanduku la posta
sanduuq boosto

ishara ya barabara
calaamad waddo

mita ya maegesho
joogid-cabbire

bustani ya wanyama
beer-xayawaan

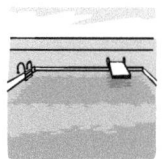

kidimbwi cha kuogelea
barkad dabbaalasho

msikiti
masaajid

shamba

beer

uchafuzi

naqas

makaburini

qabuuro

kanisa

kaniisad

uwanja wa michezo

garoon

hekalu

macbad

mazingira
muqaal-dhireed

jani
caleen

ishara ya mwelekeo
calaamad-waddo

njia
waddo

malisho
seere

jiwe
dhagax

mtembeaji wa masafa
buur korre

mti
geed

mto
webi

nyasi
caws

ua
ubax

bonde

dooxo

kilima

buur

ziwa

laag

msitu

kayn

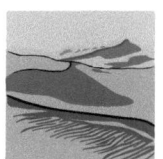

jangwa

saxare

volkano

foolkaano

ngome

qasri

upinde wa mvua

qaanso-roobaad

uyoga

barkin-waraabe

mtende

geed timireed

mbu

kaneeco

kuruka

duqsi

chungu

qoraanjo

nyuki

shinni

buibui

caaro

mende

dameer-duudeey

chura

rah

kuchakuro

dabagaalle

nungunungu

kashiito

sungura

dabagaalle

bundi

guumeys

ndege

shimbir

swan

boolo-boolo

nguruwe mwitu

doofaar-jilibeey

kulungu

deero

aina ya kongoni

faras-duur

bwawa

biyo-xireen

tabo ya upepo

tamar-dhaliye

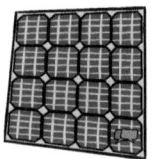

nishaji ya jua

soollar

hali ya hewa

cimilo

mgahawa
makhaayad

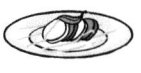

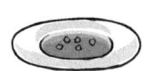

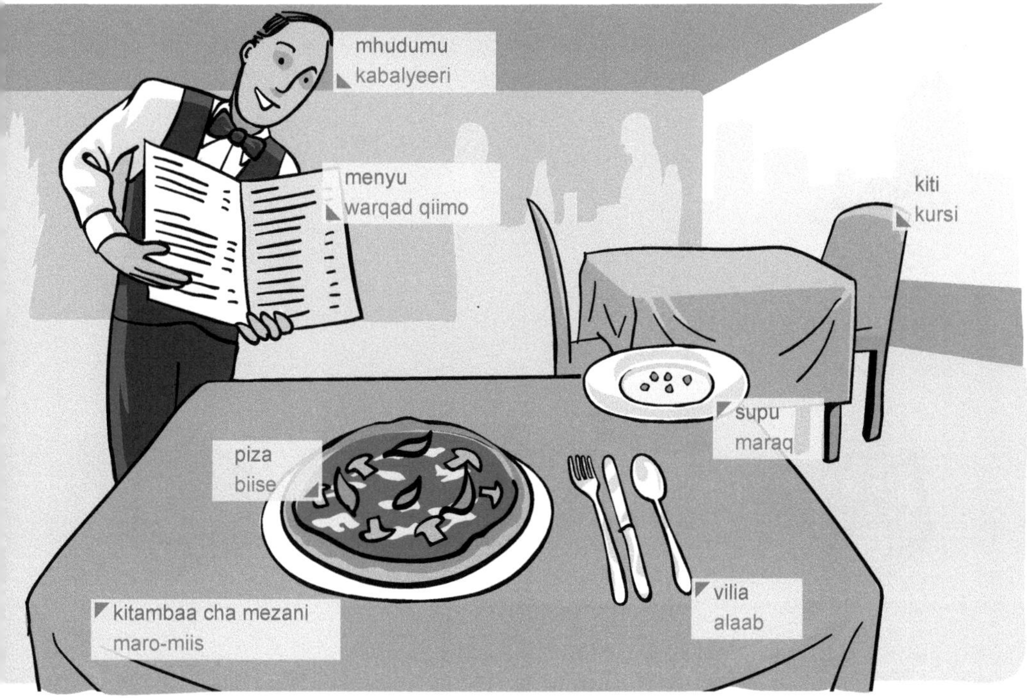
mhudumu
kabalyeeri
menyu
warqad qiimo
kiti
kursi
supu
maraq
piza
biise
vilia
alaab
kitambaa cha mezani
maro-miis

kiamsha hamu
af-billow

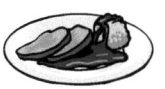

kozi kuu
cunto bariimo

kitindamlo
macmacaan

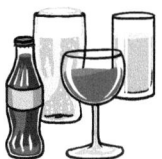

vinywaji
cabitaan

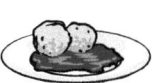

chakula
cunto

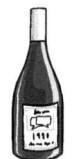

chupa
dhalo

chakula cha haraka

cunto diyaarsan

Streetfood

cunto-waddo

buli

jalmad shaah

kisanduku cha sukari

weelka sonkorta

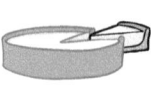

sehemu

qayb

mashine ya espresso

mashiinka isbareesada

kiti kirefu

kursi dheer

muswada

biil

trei

tereey

kisu

mindi

uma

fargeeto

kijiko

qaaddo

kijiko cha chai

malqacad-shaah

nepi

shukumaan miis

glasi

galaas

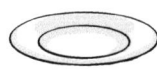

sahani
saxan

sahani ya supu
saxanka maraqa

sufuria
saxan

mchuzi
suugo

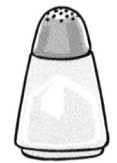

kichanyaji chumvi
weelka cusbada

kinu cha pilipili
basbaas shiide

siki
fixiye

mafuta
saliid

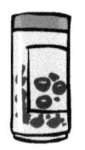

viungo
dhandhanaan

kechapu
suugo

haradali
mastaard

kachumbari nzito
mayoonees

dukakuu

carwo

ofa maalum
qiima dhimis qaas ah
FOR
mteja
macmiil
maziwa
caano
matunda
miro
toroli
gaariga adeega

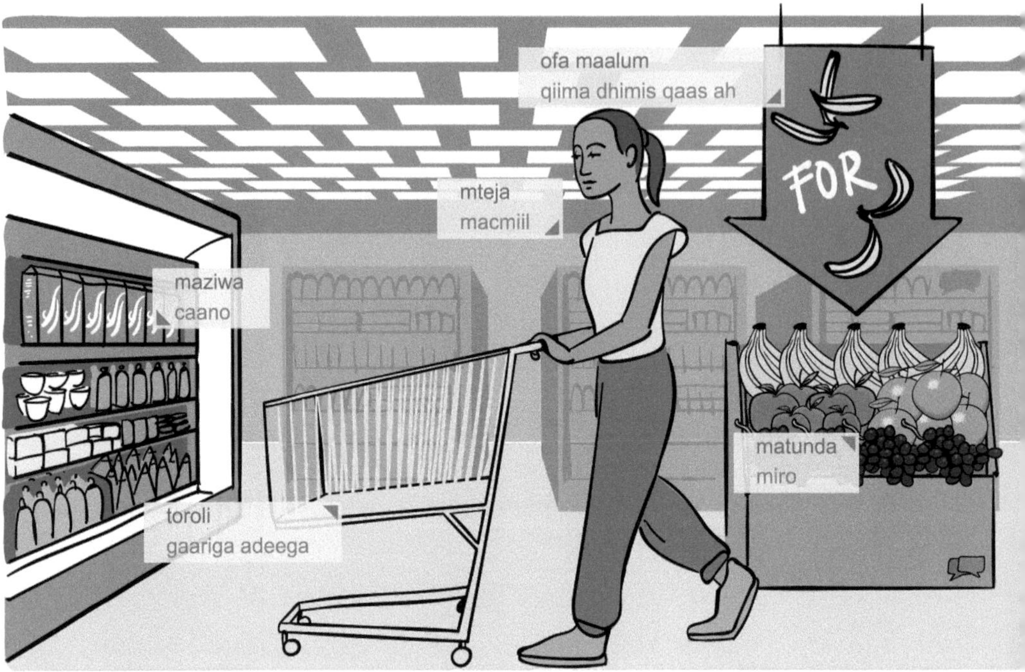

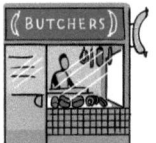

BUTCHERS

mchinjaji

kawaan

BAKERY

mwokaji

foorno

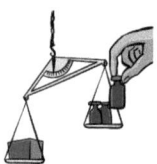

uzito

cabbir

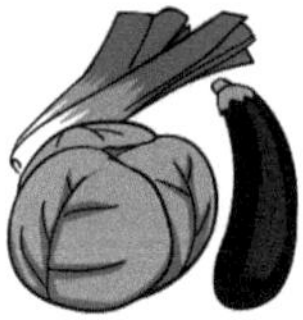

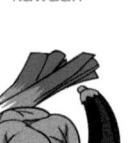

mboga

khudaar

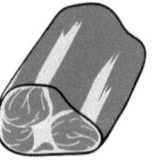

nyama

hilib

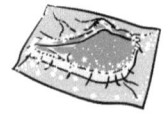

chakula waliohifadhiwa

cunto la qaboojiyay

vipande vya nyama baridi

hilibka qadada

chakula cha kopo

cunto gasacadeysan

sabuni ya unga

oomo

pipi

macmacaan

bidhaa za kaya

alaabada guri

bidhaa za kusafisha

alaabo nadaafad

mtu mauzo

iibshe

mpaka

diiwaan lacagta

keshia

qasnaji

orodha ya manunuzi

liis adeeg

masaa ya ufunguzi

saacadaha shaqo

mkoba

shandada jeebka

kadi

kaar amaah

mfuko

bac

mfuko wa plastiki

bac

maji

biyo

sharubati

casiir

maziwa

caano

coke

kooka-kola

mvinyo

khamri

bia

biir

pombe

khamri

kakao

kooke

chai

shaah

kahawa

kafee

spreso

isberesso

kapuchino

koobishiin

ndizi

muus

tufaha

tufaax

machungwa

liin-bambeelmo

tikiti

qare

lemon

liin

karoti

karooto

kitunguu saumu

toon

mianzi

baambuu

kitunguu

basal

uyoga

barkin-waraabe

karanga

loos

nudo

baasto

spageti

baasto

mpunga

bariis

saladi

salar

vibanzi

jibsi

viazi vya kukaanga

baradho shiilan

piza

biise

hambaga

haambeegar

sandwichi

saanwij

kipande

hilib-jiir

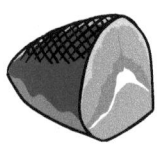

paja la mnyama

hilib-doofaar

salami

salami

soseji

sooseej

kuku

hilib-digaag

choma

duban

samaki

kalluun

oats ya uji

sareenta mashaarida

muesli

quraac isku-dhafan

cornflakes

daango

unga

bur

kroisanti

nooc rooti ah

andazi

rooti

mkate

rooti

mkate wa kubanika

rooti-la-kulluleeyey

biskuti

buskud

siagi

subag

maziwa mgando

hanti

keki

doolsho

yai

ukun

yai kukaanga

ukun shiilan

jibini

burcad

chakula - cunto

aiskrimu

jalaato

sukari

sonkor

asali

malab

jemu

malmalaado

kuenea kwa chokoleti

labeen macmacaan

mchuzi wa viungo

suugo

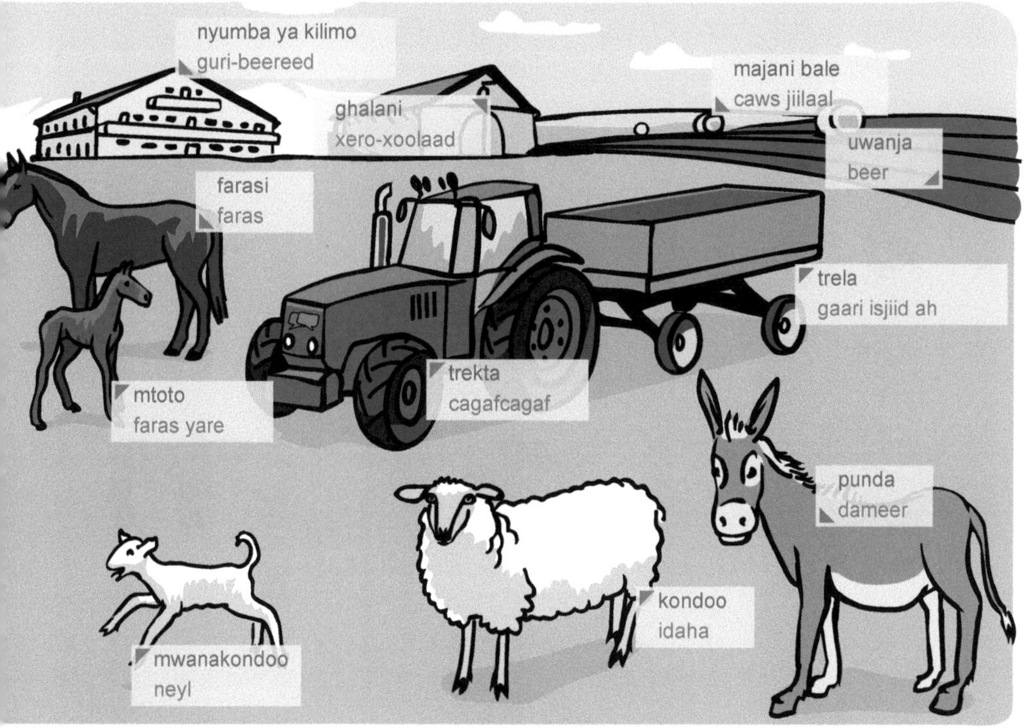

nyumba ya kilimo
guri-beereed

majani bale
caws jiilaal

ghalani
xero-xoolaad

uwanja
beer

farasi
faras

trela
gaari isjiid ah

mtoto
faras yare

trekta
cagafcagaf

punda
dameer

kondoo
idaha

mwanakondoo
neyl

mbuzi

ri'

ng'ombe

sac

ndama

weyl

nguruwe

doofaar

mwananguruwe

dhal doofaar

fahali

dibi

batabukini

bawaato lab

bata

bawaato

kifaranga

jiijiile

kuku

digaag

jogoo

diiq

panya

doolli

paka

bisad

panya

jiir

ng'ombe

dibi

mbwa

eey

nyumba ya mbwa

hoyga eeyga

bomba la bustani

tuubbo waraab

debe la kumwagilia maji

sakeelka waraabinta

fyekeo

gudin

kulima

carro-roge

mundu
gudin

jembe
yaambo

uma wa nyasi
fargeeto caws-beereed

shoka
faas

toroli
gaari -gacan

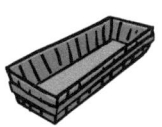

kupitia nyimbo
dar

chombo cha maziwa
dhalada caanaha

gunia
jawaan

ua
deer

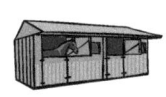

imara
xero xooleed

chafu
gur-biqlin-dhireed

udongo
ciidda

mbegu
abuuka

mbolea
bacrimiye

kivunaji
cagafta beer-goynta

mavuno

beer-goyn

mavuno

beer-gooyn

viazi vikuu

moxog

ngano

sarreen

soya

soya

viazi

baradho

mahindi

galley

rapa

geed-saliideed

mti wa matunda

geed mirood

muhogo

moxog

nafaka

firiley

nyumba
guri

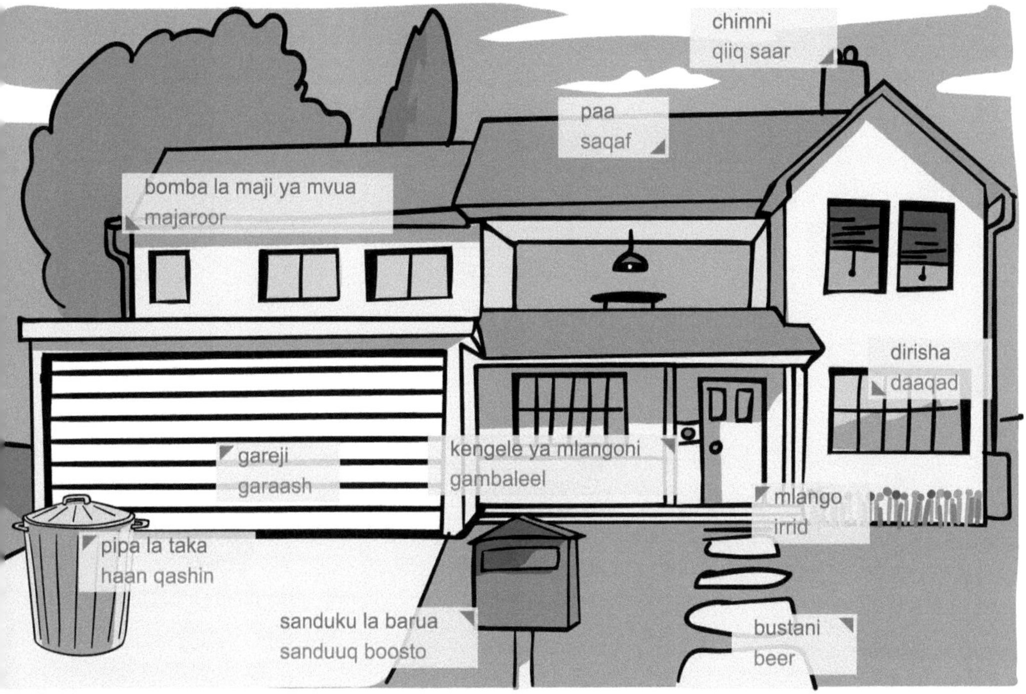
chimni
qiiq saar
paa
saqaf
bomba la maji ya mvua
majaroor
dirisha
daaqad
gareji
garaash
kengele ya mlangoni
gambaleel
mlango
irrid
pipa la taka
haan qashin
sanduku la barua
sanduuq boosto
bustani
beer

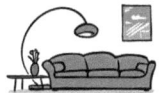

sebuleni

qol jiib

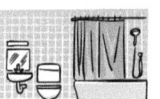

bafu

musqul-qubeys

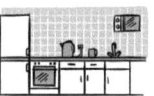

jikoni

jiko

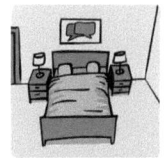

chumba cha kulala

qolka jiifka

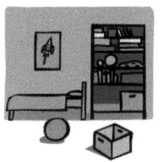

chumba ya mtoto

qolka ilmaha

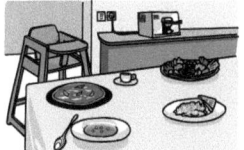

chumba cha kulia

qolka cuntada

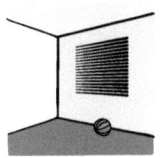

sakafu

sagxad

ukuta

derbi

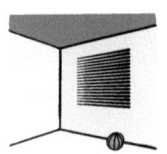

dari

saqaf

pishi

makhaasiin

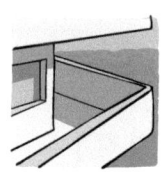

sauna

soona

roshani

balakoon

mtaro

daarad

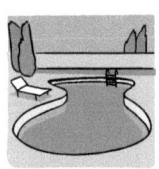

kidimbwi

barkad

mashine ya kukata nyasi

caws-jare

karatasi

buste

kitambaa cha kupamba
kitanda

go'

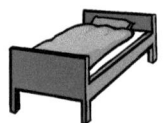

kitanda

sariir

ufagio

xaaqin

ndoo

baaldi

kubadili

daare-damiye

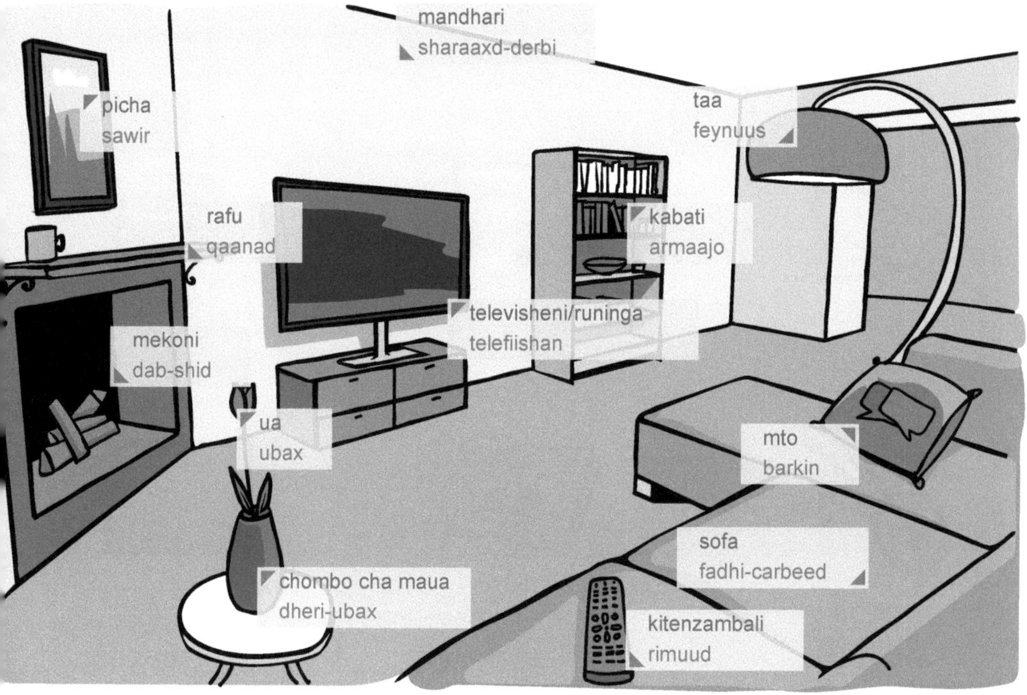

mandhari
sharaaxd-derbi

picha
sawir

taa
feynuus

rafu
qaanad

kabati
armaajo

mekoni
dab-shid

televisheni/runinga
telefiishan

ua
ubax

mto
barkin

sofa
fadhi-carbeed

chombo cha maua
dheri-ubax

kitenzambali
rimuud

zulia
roog

pazia
daah

meza
miis

kiti
kursi

kiti cha bembea
kursi wareega

armchair
kursi fadhi

kitabu

buug

blanketi

buste

mapambo

qurxin

kuni

xaabo

filamu

filin

kifaa cha hi-fi

cod-baahiye

ufunguo

fure

gazeti

wargeys

uchoraji

rinjiyeyn

bango

tabeelo

redio

raadiye

daftari

xusuus-qor

kifyonza

huufar

dungusi kakati

tiitiin

mshumaa

shumac

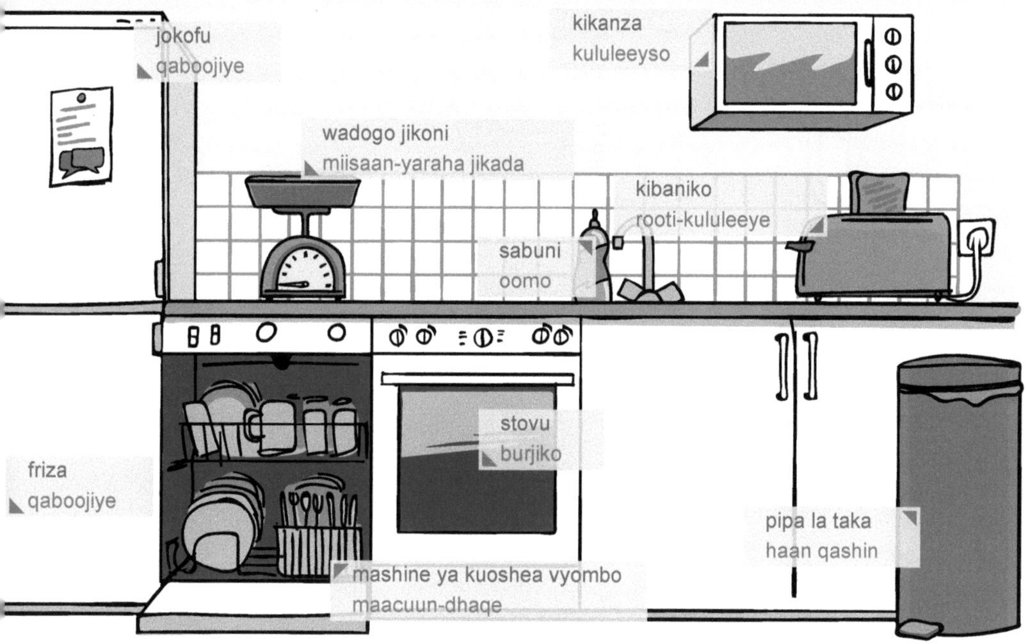

jokofu
qaboojiye

kikanza
kululeeyso

wadogo jikoni
miisaan-yaraha jikada

kibaniko
rooti-kululeeye

sabuni
oomo

stovu
burjiko

friza
qaboojiye

pipa la taka
haan qashin

mashine ya kuoshea vyombo
maacuun-dhaqe

jiko la kupika
kuuker

chungu
dheri

sufuria ya chuma
birtaawo

wok / kadai
birtaawo

kaango
birtaawo

birika
kirli

stima

uumiye

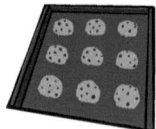

sinia ya kuoka

saxaarad dubista

vyombo vya udongo

maacuun

kombe

bakeeri

bakuli

baaquli

vijiti vya kulia

qoryo wax lagu cuno

ukawa

malqacad

mwiko mpana

qaado

burashi

folow

kichujio

miire

chujio

shashaq

mbuzi

qudaar-jare

chokaa

mooye

barbeque

hilib-sol

moto wazi

dab

ubao wa majaribio

alwaaxa wax-jar-jarka

kijiti cha kusukuma unga

ul jabaati

kizibuo

guf-saare

kopo

gasac

inaweza kopo

gasac-fure

kishikio cha chungu

istaraasho-jiko

karo

saxanka-alaab-dhaqa

brashi

caday

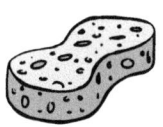

sifongo

isbuunyo

kisagaji matunda

shiide

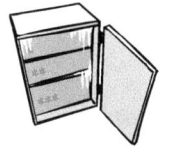

friji ya kina

qaabojin qoto-dheer

chupa ya mtoto

masaasad

bomba

tuubbo

jikoni - jiko

bafu

musqul-qubeys

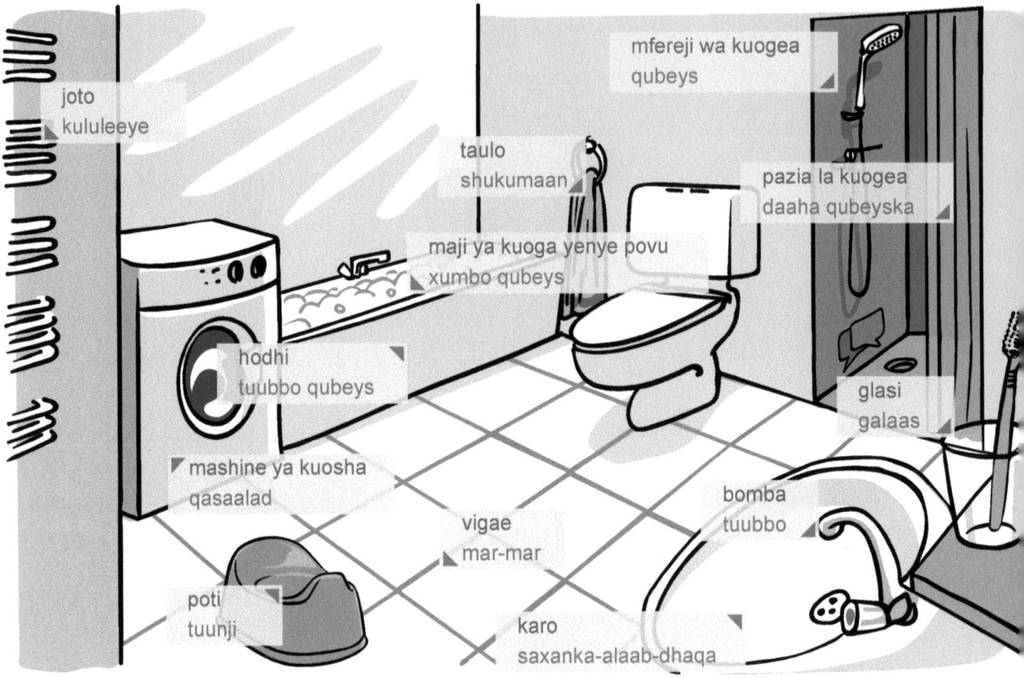

joto
kululeeye
taulo
shukumaan
mfereji wa kuogea
qubeys
pazia la kuogea
daaha qubeyska
maji ya kuoga yenye povu
xumbo qubeys
hodhi
tuubbo qubeys
glasi
galaas
mashine ya kuosha
qasaalad
bomba
tuubbo
vigae
mar-mar
poti
tuunji
karo
saxanka-alaab-dhaqa

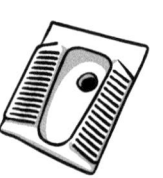

choo

musqul

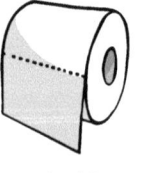

choo cha squat

musqusha fadhiga

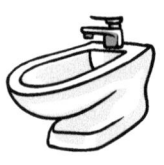

beseni la mviringo

siin

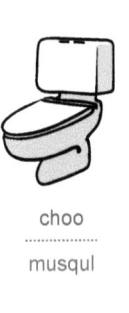

choo cha umma

weel kaadi

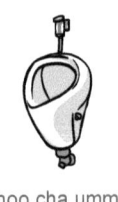

shashi

tiish musqul

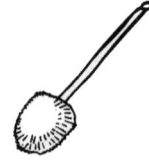

brashi ya choo

burushka musqusha

mswaki

caday

dawa ya meno

daawo caday

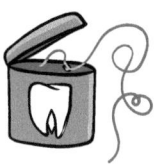

dawa ya meno

dunta ilka farashada

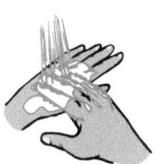

safisha

dhaq

kuoga mkono

gacan qubeys

msukumo wa maji

tuubo-musqul

bonde

beeshin

mpako wa pili

burush-qubeys

sabuni

saabuun

jeli ya kuogea

shaambo

shampuu

shaambo

flana

cago-saar

toa maji

biyo-saare

krimu

kareem

kiondoa harufu

carfiso

kioo

muraayad

kioo mkono

muraayad gacmeed

kinyozi

sakiin

povu la kunyoa

xumbada xiirashada

baada ya kunyoa

daawo gar-xiir

kichana

shanlo

brashi

burush

kikausha nywele

fooneeye

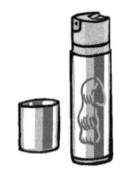

marashi ya nyewele

timo-buufis

vipodozi

waji-qurxiye

kidomwa

rooseeto

varnish ya msumari

cidiyo-nadiifiye

pamba

dun

mkasi wa kucha

cidiyo-jar

manukato

baarafuun

mkoba wa kuosha

boorso-wajidhaq

kinyesi

saxaro

mizani

miisaan culays

nguo ya kuoga

dhar-qubeys

glavu za mpira

gacma gashi cinjir

kisodo

tambooni

sodo

tiimshe

kemikali choo

musqul kiimiko

chumba ya mtoto
qolka ilmaha

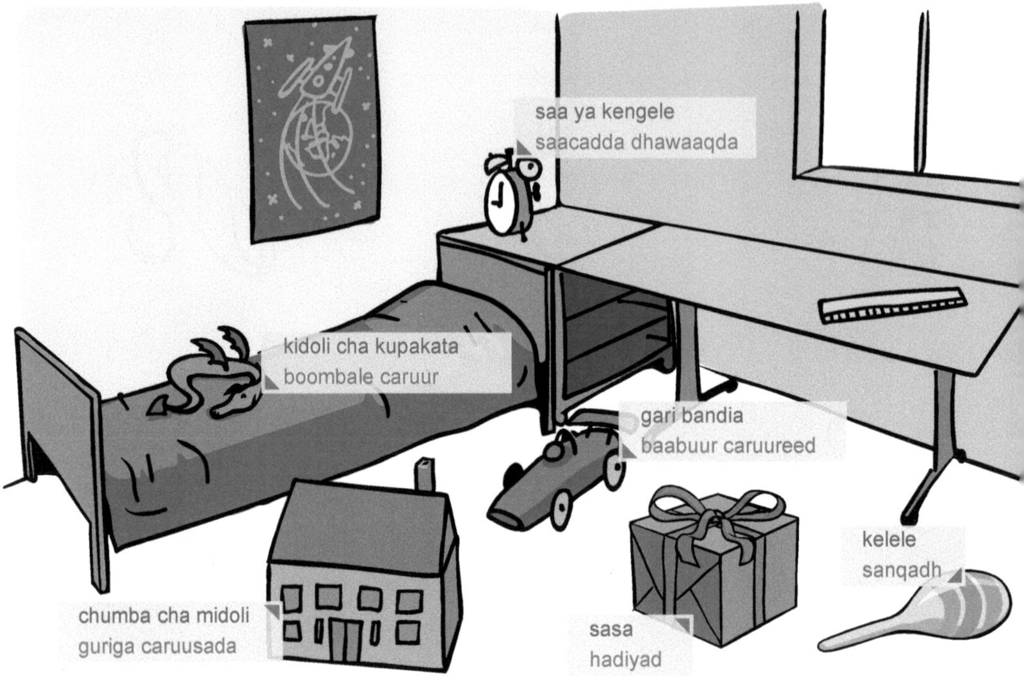
saa ya kengele
saacadda dhawaaqda
kidoli cha kupakata
boombale caruur
gari bandia
baabuur caruureed
kelele
sanqadh
chumba cha midoli
guriga caruusada
sasa
hadiyad

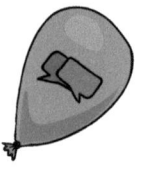

baluni

buufin

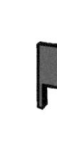

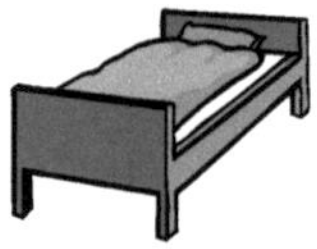

kitanda

sariir

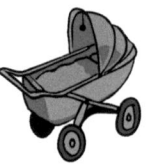

mashua

gaariga caruurta

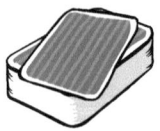

staha ya kadi

turub

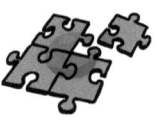

mchezo-fumb

miinshaar

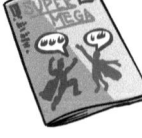

vichekesho

maad

matofali lego

bulkeeti boombale ah

vitalu mwigo

tooy

hatua takwimu

sanam

suti ya kulalia

isku-jooga dhallaanka

kisahani

aalad cayaar

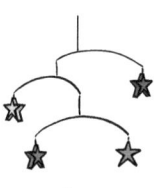

simu

moobaayl

ubao wa michezo

khamaar

kete

laadhuu

garimoshi mwigo

moodo tareen

dummy

boombale

chama

xaflad

picha kitabu

buug sawirro

mpira

kubbad

kikaragosi

boombale

kucheza

cayaar

shimo la mchanga

dhoobo-dhoobeey

bembea

wiifoow

vitu bandia

alaab-alaabeey

kiweko cha video ya mchezo

geemka gacanta laga hago

baiskeli ya magurudumu

baaskiil

matatu

mwanasesere

boombale

kabati

armaajo dhar

nguo

dhar

soksi

sigisaan

stokingi

sigsaan haween

kibano

surwaal-dhuuqsan

skafu
masar

ukanda
suun

mwavuli
dallad

fulana
funaanad

viatu
kabo buud

wakufunzi
kabo tababar

ndara
dacas

malapa
saandalo

viatu
kabo

mabuti ya mpira
kabo roob

suruali ya ndani
hoos-gashi

sidiria
rajabeeto

fulana
garan

mwili
jir

suruali
surwaal

dangirizi
surwaal jeenis

sketi
goono

blauzi
canbuur

shati
shaati

vuta
funaanad-dhaxameed

sweta
garan dhaxameed

bleza
jaakad fudud

jaketi
jaakad

koti
koodh

koti la mvua
koodhka roobka

maleba
dhar-munaasabadeed

gauni
labbis

mavazi ya harusi
lebbis aroos

suti
suut

vazi la usiku
dhar-hurdo

pajama
bajaamo

sari
saari

skafu
masar

kilemba
cimaamad

burka
cabaayad

kaftan
saako

abaya
cabaayad

vazi la kuogelea
dharka-dabaasha

vazi la kiume la kuogelea
dabo-gaabyo

kaptura
surwaal-dabagaab

teitei
taraak-suut

aproni
dufan-dhowr

glavu
gacmo gashi

kifungo

galluus

glasi

ookiyaale

bangili

jijin

mkufu

silis

pete

faraati

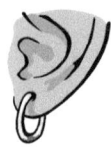

herini

dhego dhego

kofia

koofiyo

kiango cha koti

katabaan

kofia

koofiyad

tai

garabaati

zipu

jiinyeer

kofia

helmed

kanda za suruali

ilko-reeb

sare za shule

direes dugsi

sare

direes

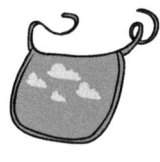

bibu

cayo-dhowr

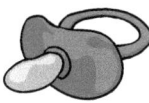

dummy

boombale

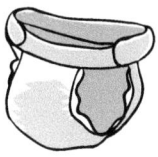

nepi

maro-dufeed

ofisi

xafiis

seva
khad-bixiye
kabati la kuweka faili
armaajo feylal
kichapishaji
daabace
karatasi
warqad
kiwambo
shaashad
dawati
miis
kipanya
hage kombuyuutar
folda
gal
kibodi
teeb-kombuyuutar
cha kuweka karatasi chafu
qashin-gur
kompyuta
kombuyuutar
kiti
kursi

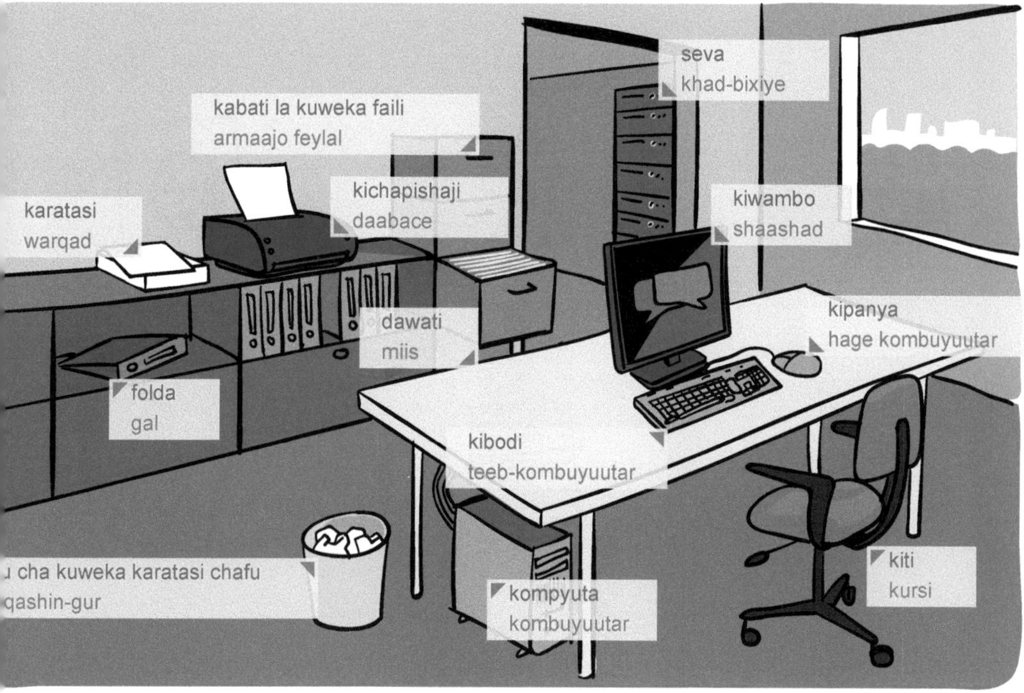

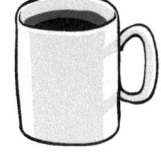

kmobe la kahawa

koob kafee

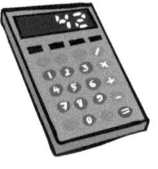

kikokotoo

kalkuleytar/xisaabiye

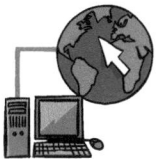

biashara

internet

mbali
laabtoob

barua
bakhshad

ujumbe
fariin

rununu
moobaayl

intaneti
shabakad-kombuyuutar

fotokopia
footokoobi

programu
barnaamij-kombuyuutar

simu
telefoon

soketi
god koronto

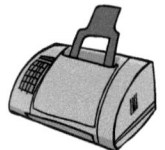

kipepesi
mishiinkan fax-ka

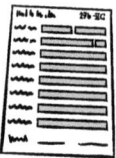

fomu
foomka

hati
dokumenti

kununua
iibso

kulipa
bixi

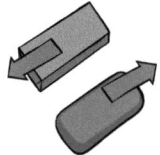

biashara
ganacso

fedha
lacag

dola
doollar

yuro
yuuro

yeni
yenka jabbaan

rouble
robolka ruushka

faranga ya Uswisi
Franka iswiiska

renminbi yuan
lacagta shiinaha

rupia
rubiyada hindiga

eneo la kulipia
maqal

ofisi ya ubadilishanaji

xafiiska sarrifaka lacagaha

dhahabu

dahab

fedha

qalin

mafuta

shidaal

nishati

tamar

bei

qiime

mkataba

qandaraas

kodi

canshuur

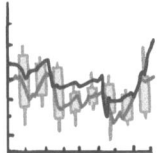

bidhaa

raasumaal

kazi

shaqee

mfanyakazi

shaqaale

mwajiri

shaqaaleysiiye

kiwanda

warshad

duka

dukaan

afisa wa polisi
sarkaal booliis

mzimamoto
dab-demiye

mpishi
cunto-kariye

daktari
dhakhtar

rubani
duuliye

mtunza bustani

beeralley

seremala

nijaar

mshonaji

timo-qurxiso

hakimu

qaaddi

mwanakemia

farmashiiste

muigizaji

jile

dereva wa basi

darawal bas

dereva wa teksi

taksiile

mvuvi

kalluumeyste

mwanamke wa kusafisha

nadiifiso

mwezekaji

saqaf-dhise

mhudumu

kabalyeeri

mwindaji

ugaarsade

mchoraji

rinjiile

mwokaji

rooti-dube

umeme

koronto-yaqaan

mjenzi

dhise

mhandisi

injineer

mchinjaji

kawaanle

fundi bomba

tuubbiiste

mwanaposta

boostaale

mwanajeshi

askari

msanifu majengo

injineer-dhismo

keshia

qasnaji

muuza maua

ubax-yaqaan

msusi

timo-jare

kondakta

kiro-uruuriye

mekanika

makaanik

nahodha

kabtan

daktari wa meno

dhakhtar-ilko

mwanasayansi

saaynisyahan

rabbi

wadaad yahuud

imamu

imaam

mtawa

xerow

kasisi

wadaad

zana

qalab

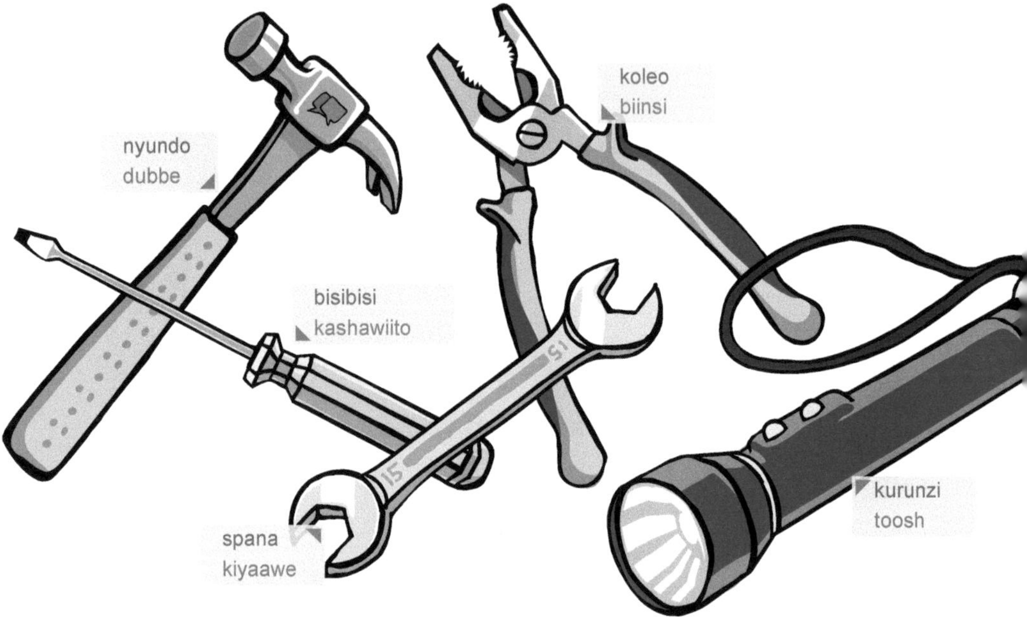
koleo
biinsi
nyundo
dubbe
bisibisi
kashawiito
kurunzi
toosh
spana
kiyaawe

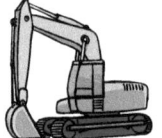

mchimbaji

dhul-qoddo

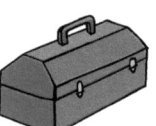

sanduku la vifaa

qalab-xajiye

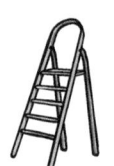

ngazi

jaraanjaro

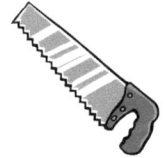

msumeno

miinshaar

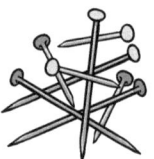

misumari

musbaarro

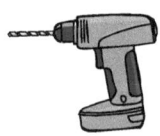

kuchimba visima

dalooliye

kukarabati
dayactir

sepetu
badiil

Lo!
inkaar kugu dhacday!

kishikio cha uchafu
bus-xaabiye

chungu cha rangi
gasacad rinji

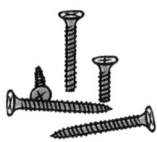

skurubu
boolal

ala za muziki

qalab muusiko

mpangilio wa ngoma
digsi

spika
samacad

gita
kataarad

besi mara mbili
kataarad guux-weyn

tarumbeta
turumbo

piano

biyaano

fidla

fiyooliin

ubeji

karaarad guux-dheer

timpani

durbaan-sheegagle

ngoma

durbaan

kibodi

loox-xarfeed-biyaano

saksafoni

turumbo

filimbi

siin-baar

maikrofoni

makarafoon

bustani ya wanyama

beer-xayawaan

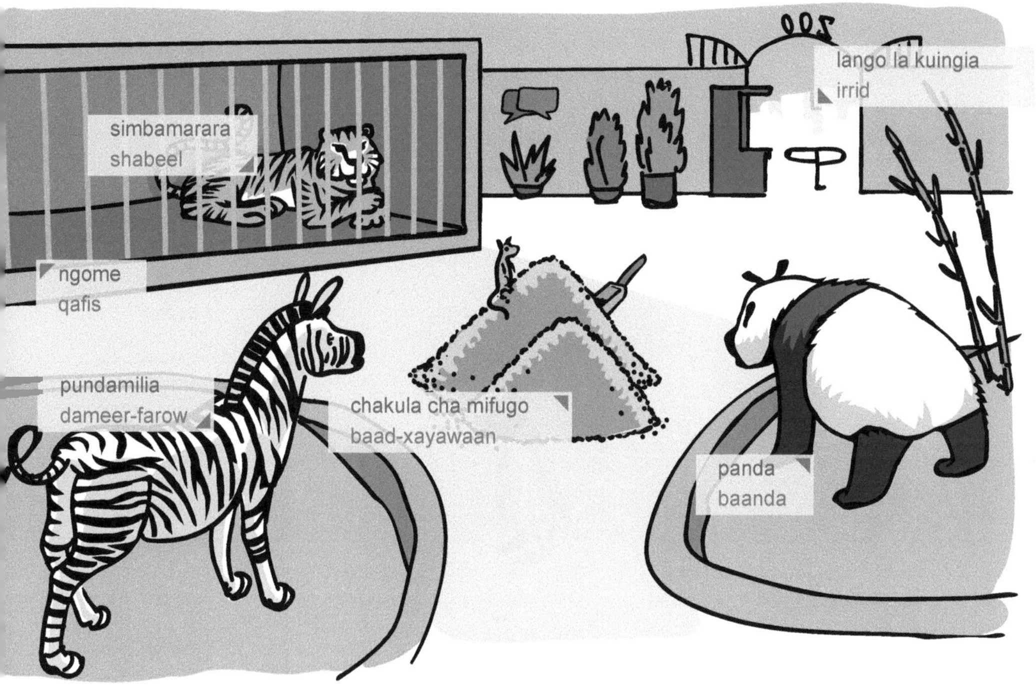

zoo
lango la kuingia
irrid
simbamarara
shabeel
ngome
qafis
pundamilia
dameer-farow
chakula cha mifugo
baad-xayawaan
panda
baanda

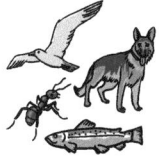

wanyama

xayawaan

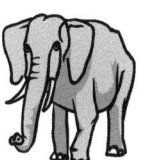

tembo

maroodi

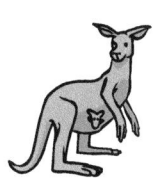

kangaruu

kaangaruu

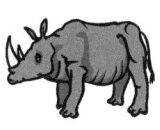

kifaru

wiyil

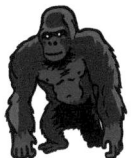

sokwe

goriille

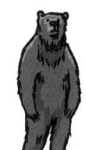

dubu

oorso

ngamia
geel

mbuni
gorayo

simba
libaax

tumbili
daanyeer

heroe
xiita-luga-dheer

kasuku
baqbaqaa

dubu
oorso baraf-ku-nool

penguini
shimbir baraf

papa
libaax-badeed

tausi
daa'uus

nyoka
mas

mamba
yaxaas

mtunza wanyama
beer-xayawaan ilaaliye

muhuri
bahal kalluun-cun

jaguar
shabeel-u-eke

mwanafarasi

dhal faras

chui

harmacad

kiboko

jeer

twiga

geri

tai

gorgor

nguruwe mwitu

doofaar-jilibeey

samaki

kalluun

kobe

qubo

sili

maroodi-badeed

mbweha

dawaco

paa

deero

soka ya marekani
kubadda-cagta maraykanka

uendeshaji baiskeli
tartanka bashkuleetiga

tenisi
kubbadda miiska

mpira wa kikapu
kubbadda koleyga

kuogelea
dabaal

ndondi
cayaarta feerka

magongo ya barafuni
hookiga barafka lagu dh

soka	vinyoya	riadha
kubadda cagta	baadminton	ciyaaraha fudud

mpira wa mikono	skii	polo
kubadda gacanta	iskii/ciyaarta barafka	cayaar-faras

kuruka
boodid

cheka
qosol

kumbatia
hab-siin

kutembea
soco

kuimba
hees

ota ndoto
riyo

kuomba
duceyso

busu
dhunkasho

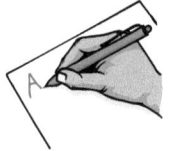

kuandika

qorraxeed

kuteka

masawirid

angalia

muuji

sukuma

riix

kutoa

sii

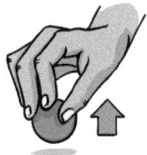

kuchukua

qaado

kuwa
haysasho

fanya
samee

kuwa
ahaansho

kusimama
istaag

kukimbia
orod

vuta
jiid

kutupa
tuur

kuanguka
dhicid

hadaa
been-sheegid

kusubiri
sug

kubeba
qaad

kukaa
fariiso

vaa nguo
labiso

usingizi
seexo

kuamka
toos

kuangalia

fiiri

lia

ooy

kiharusi

dhuftay

chana nywele

shanleyso

ongea

hadal

kuelewa

faham

kuuliza

weydii

kusikiliza

dhageysasho

kunywa

cab

kula

cun

nadhifisha

habee

upendo

jacayl

mpishi

kari

gari

kaxee

kuruka

duulid

meli

shiraaco

kokotoa

xisaabi

kusoma

akhri

kujifunza

barasho

kazi

shaqee

kuoa

guurso

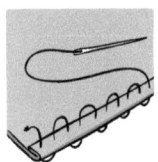

kushona

tol

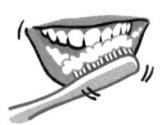

piga mswaki

cadayso

kuua

dilid

moshi

sigaar cab

kutuma

dir

familia
qoys

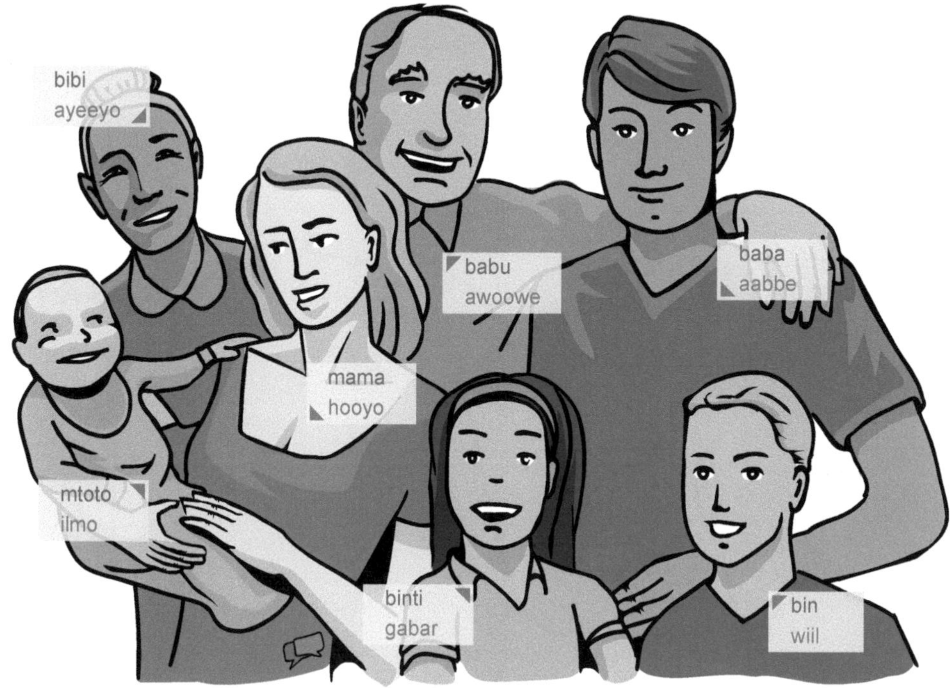

bibi
ayeeyo
babu
awoowe
baba
aabbe
mama
hooyo
mtoto
ilmo
binti
gabar
bin
wiil

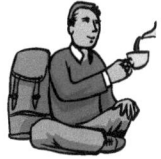

mgeni
marti

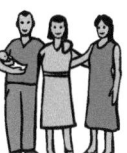

shangazi
eeddo

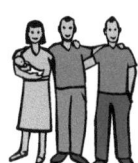

mjomba
adeer

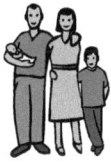

kaka
walaal rag

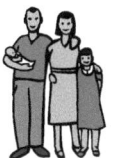

dada
walaal dumar

mwili

jir

paji la uso
fool
jicho
il
uso
weji
kidevu
gar
kidole
far
mkono
gacan
matiti
naas
mkono
cudud
bega
garab
mguu
lug

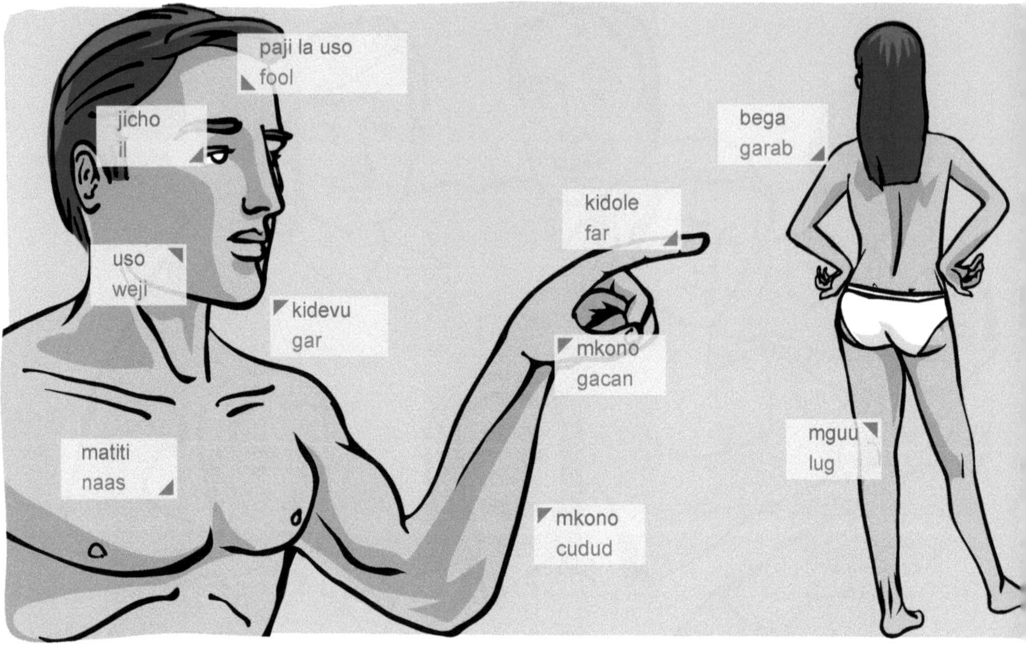

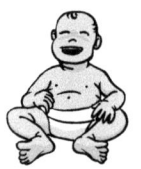

mtoto
ilmo

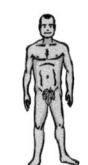

mwanamume
nin

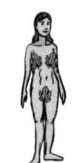

mwanamke
naag

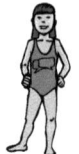

msichana
gabar

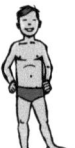

mvulana
wiil

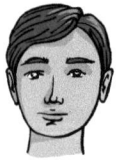

kichwa
madax

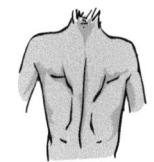

nyuma
dhabar

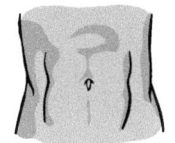

tumbo
calool

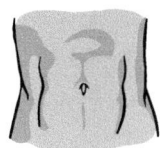

kitovu
xuddun

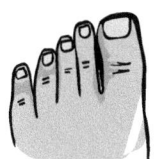

chano
suul

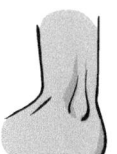

kisigino
cirib

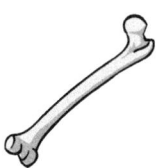

mfupa
laf

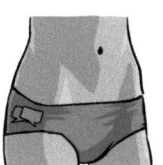

nyonga
sin

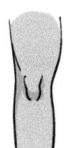

goti
jilib

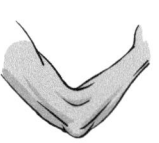

kiwiko
xusul

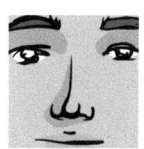

pua
san

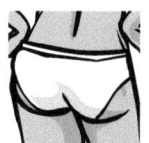

chini
bari

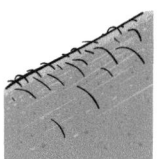

ngozi
maqaar

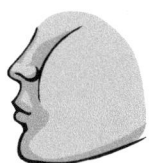

shavu
dhafoor

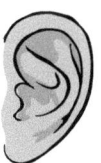

sikio
dheg

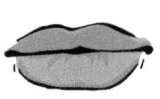

mdomo
bishin

kinywa

af

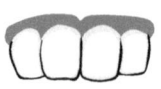

jino

ilig

ulimi

carrab

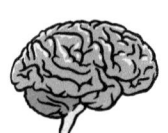

ubongo

maskax

moyo

wadno

misuli

muruq

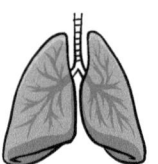

pafu

sambab

ini

beer

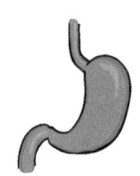

tumbo

uur kujirta caloosha

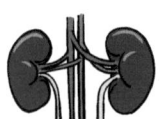

figo

kelyo

jinsia

galmo

kondomu

cinjir-galmo

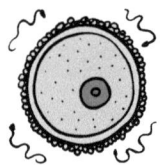

ovari

ugxan

shahawa

shahwo

mimba

uur

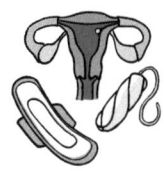

hedhi
caado

uke
siil

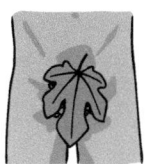

uume
gus

unyusi
suni

nywele
timo

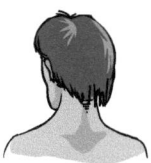

shingo
qoor

hospitali
isbitaal

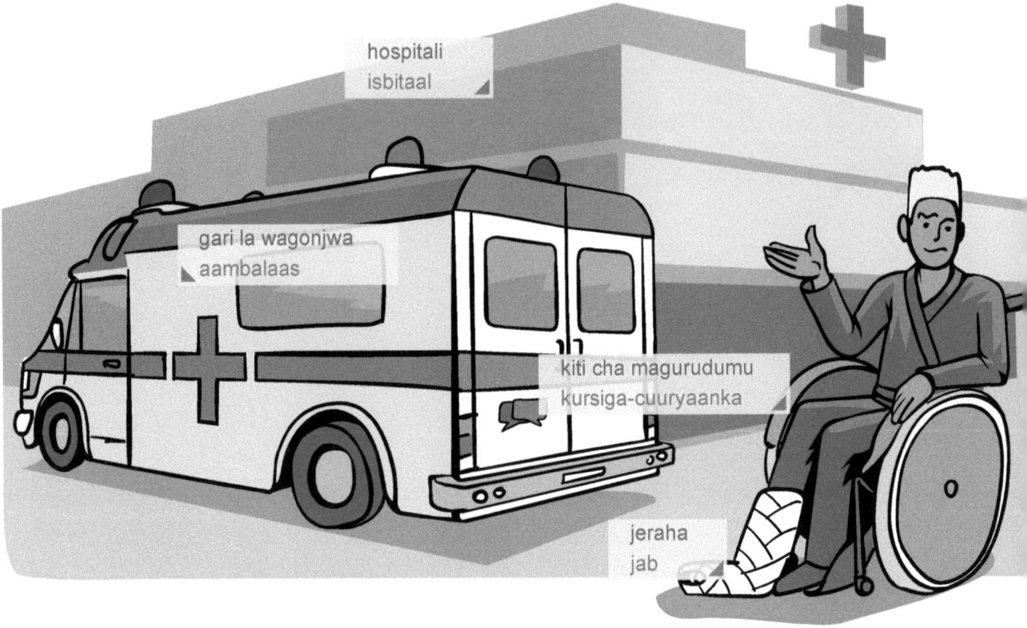

hospitali
isbitaal
gari la wagonjwa
aambalaas
kiti cha magurudumu
kursiga-cuuryaanka
jeraha
jab

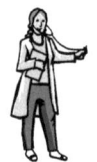

daktari

dhakhtar

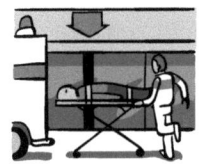

chumba cha dharura

qolka xaaladaha-degdega ah

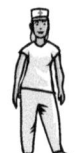

muuguzi

kalkaaliye

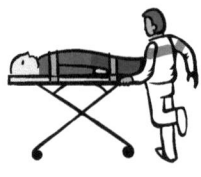

dharura

xaalad deg-deg ah

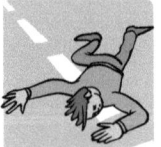

kupoteza fahamu

miyir-beelsan

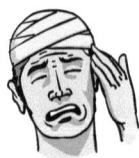

maumivu

xanuun

kuumia

dhaawac

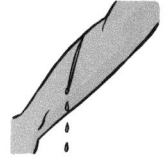

kutokwa na damu

dhiig-bax

mshtuko wa moyo

wadno-xanuun

kiharusi

qallal

mzio

xasaasiyad

kikohozi

qufac

homa

qandho

mafua

hargab

kuharisha

shuban

maumivu ya kichwa

madax-xanuun

kansa

kansar

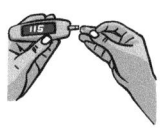

ugonjwa wa kisukari

cudurka sokoroow

daktari mpasuaji

dhakhtarka-qalliinka

kisu kidogo cha kupasulia

mindida qalliinka

operesheni

qalliin

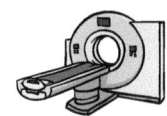

picha changanufu ya mwili

iskaan

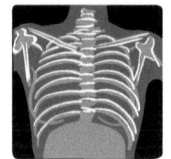

Eksrei

raajo

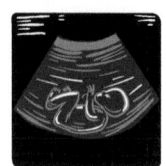

mawimbi sauti

dhawaaq-xawaareed

barakoa ya uso

maaskaro

ugonjwa

cudur sokoroow

chumba cha kusubiri

qolka sugitaanka

mkongojo

ul lagu boodo

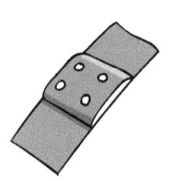

plasta

kab

bendeji

faashato

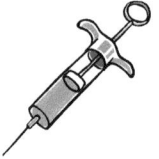

sindano

duris

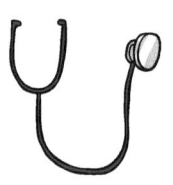

stetoskopu

wadne-dhegeyeste

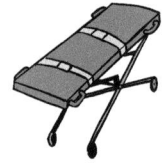

machela

balankiino

kipimajoto cha kliniki

heer-kul-beega qandhada

kuzaliwa

dhalasho

unene kupita kiasi

aad-u-cayilan

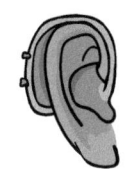

kusikia misaada

maqal-caawiye

kipukusi

jeermis-dile

maambukizi

caabuq

virusi

feyras

VVU / UKIMWI

AYDHIS/HIV

dawa

daawo

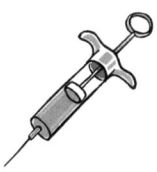

chanjo

tallaal

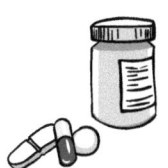

vidonge

kaniiniyo

kidonge

kaniin

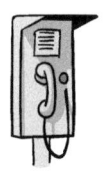

simu ya dharura

wicitaan deg-deg ah

haemodainamometa

cabbiraha dhiig-karka

mgonjwa / mwenye afya

xanuunsan / caafimaadsan

Msaada!

i caawiya!

pigo

weerar-kadisa ah

kengele

sawaxan

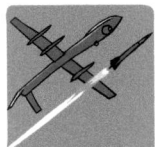

shambulizi

weerar

hatari

khatar

lango la dharura

irridda bixida xaalad-deg-deg

Moto!

dab!

kizima moto

dab demiye

ajali

shil

vifaa vya huduma ya kwanza

saduuqa xaalada-degdega ah

wito wa msaada

codsi badbaado

polisi

booliis

Ulaya

Yurub

Amerika ya Kaskazini

woqooyiga ameerika

Amerika ya Kusini

koonfurta ameerika

Afrika

Afrika

Asia

Aasiya

Australia

Oostareeliya

Atlantiki

Atlaantik

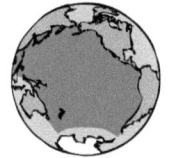

Pasifiki

Pacific

Bahari ya Hindi

Bad-waynta hindiya

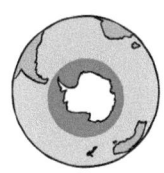

Bahari ya Antaktiki

Bad-waynta antarctica

Bahari ya Aktiki

Bad-waynta arctic

Ncha ya Kaskazini

cirifka waqooyi

Ncha ya Kusini

cirifka koonfureed

Antaktika

Antarctica

dunia

dhul

nchi

dhul

bahari

bad

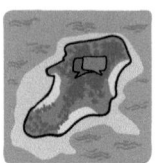

kisiwa

jasiirad

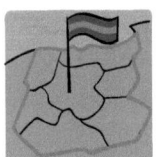

taifa

waddan

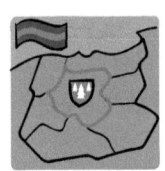

jimbo

gobol

uso wa saa

wajiga saacadda

akrabu ya saa

gacanka saacada

akrabu ya dakika

gacanka daqiiqada

akrabu ya sekunde

gacanka ilbiriqsiga

Ni saa ngapi?

waa intee saac?

siku

maalin

wakati

wakhti

sasa

hadda

saa ya dijitali

saacadda jiifarrada

dakika

daqiiqad

saa

saacad

Jumatatu / Isniin — **MO**

Jumatano / Arbaca — **W**

Ijumaa / Jimco — **FR**

TU

TH — Jumamosi / Sabti

SA

Jumanne / Talaado

Alhamisi / Khamiis

SO

Jumapili / Axad

jana
shalay

leo
maanta

kesho
berri

asubuhi
subax

saa sita mchana
duhur

jioni
casir

siku za biashara
maalmaha shaqo

mwishoni mwa wiki
dabayaaqada usbuuca

mvua
roob

upinde wa mvua
qaanso-roobaad

theluji
roob-baraf

upepo
dabayl

majira ya machipuko
gu'

vuli
deyr

kiangazi
xagaa

majira ya baridi
jiilaal

4.APRIL	11°	☀
5.APRIL	4°	⛅
6.APRIL	13°	☁
7.APRIL	8°	❄
8.APRIL	10°	❄

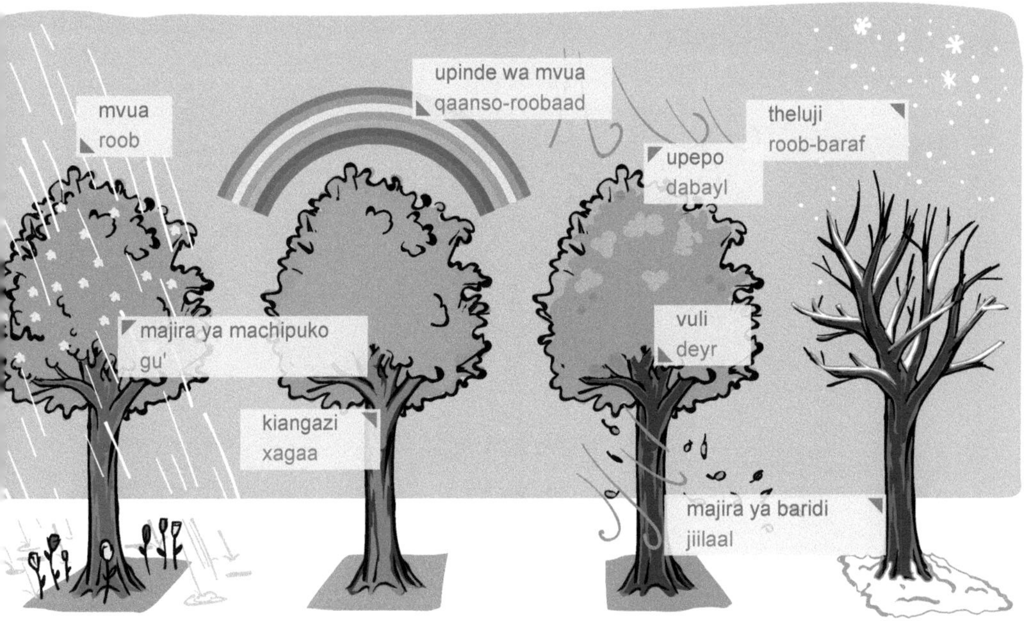

utabiri wa hali ya hewa
....
saadaal hawo

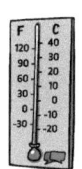

kipimajoto
....
heer-kul baare

mwanga wa jua
....
qorraxeed

wingu
....
daruur

ukungu
....
ceeryaamo

unyevu
....
huur

umeme

jac

radi

onkod

dhoruba

duufaan

mvua ya mawe

roob-baraf

monsuni

maansuun

mafuriko

daad

barafu

baraf

Januari

Jannaayo

Februari

Febraayo

Machi

Maarso

Aprili

Abriil

Mei

Mey

Juni

Juun

Julai

Luulyo

Agosti

Agoosto

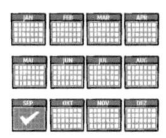

Septemba

Sebteember

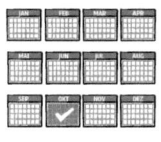

Oktoba

Oktoobar

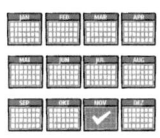

Novemba

Nofeember

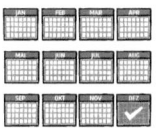

Desemba

Diseember

maumbo
qaababka

mduara

goobaabo

mraba

afar-gees

mstatili

leydi

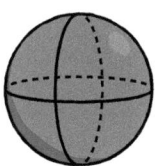

pembetatu

saddex-xagal

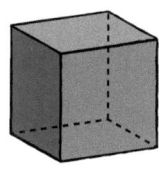

nyanja

wareeg

mchemraba

bokis

nyeupe

caddaan

manjano

hurdi

chungwa

oranji

rangi ya waridi

guduud-khafiif

nyekundu

casaan

hudhurungi

carwaajis

bluu

bluug

kijani

cagaar

hanja

boroon

jivujivu

cawl

nyeusi

madow

mengi / kidogo

badan / yar

hasira / pole

caro / daganaan

nzuri / mbaya

qurxoon / foolxun

mwanzo / mwisho

billow / dhammaad

kubwa / ndogo

yar / weyn

angavu / giza

iftiin / mugdi

kaka / dada

walaalkaa / walaashaa

safi / chafu

nadiif / wasakhaysan

kamilika / tokamilika

buuxa / dhantaalan

siku / usiku

maalin / habeen

wafu / hai

dhintay / nool

pana / nyembamba

ballaaran / ciriiri ah

kulika / kutolika

la cuni karo / aan la cuni karin

ovu / ema

arxan-daran / naxariis-badan

sisimkwa / udhika

faraxsan / caajisan

nene / nyembamba

buuran / caateysan

kwanza / mwisho

ugu horeeya / ugu dambeeya

rafiki / adui

saaxiib / cadaw

jaa / tupu

maran / buuxa.

ngumu / laini

adag / jilicsan

nzito / nyepesi

culus / fudud

njaa / kiu

gaajo / oon

mgonjwa / mwenye afya

xanuunsan / caafimaadsan

haramu / kisheria

sharci-darro / sharci

akili / kijinga

caaqil / dabbaal

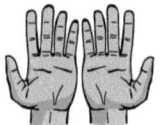

kushoto / kulia

bidix / midig

karibu / mbali

dhow / fog

mpya / kutumika

cusub / duug

kitu / jambo

waxba / wax

zee / changa

da' / dhalinyar

waka / zima

daaris / damin

wazi / fungwa

furan / xiran

utulivu / kelele

aamusnaan / cod-dheer

tajiri / masikini

taajir / sabool

sahihi / kosa

sax / khalad

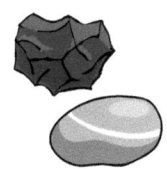

mbaya / laini

jilif leh / sabiibax

huzunika / furahia

murugsan / faraxsan

fupi /ndefu

gaaban / dheer

polepole / haraka

tartiib / dhaqsi

nyevu / kavu

qoyaan / qalleyl

joto / baridi

qandac / qabow

vita / amani

dagaal / nabad

0

sufuri

eber

1

moja

kow

2

mbili

laba

3

tatu

saddex

4

nne

afar

5

tano

shan

6

sita

lix

7

saba

toddoba

8

nane

sideed

9

tisa

sagaal

10

kumi

toban

11

kumi na moja

kow iyo toban

12

kumi na mbili

laba iyo toban

13

kumi na tatu

sadex iyo toban

14

kumi na nne

afar iyo toban

15

kumi na tano

shan iyo toban

16

kumi na sita

lix iyo toban

17

kumi na saba

todoba iyo toban

18

kumi na nane

sideed iyo toban

19

kumi na tisa

sagaal iyo toban

20

ishirini

labaatan

100

mia

boqol

1.000

elfu

kun

1.000.000

milioni

malyuun

Kiingereza

Af ingiriis

Kiingereza cha Marekani

Ingiriiska Mareykanka

Kimandarini cha Uchina

Mandariinka Shiinaha

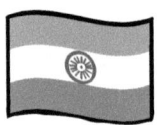

Kihindi

Hindi

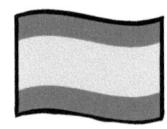

Kihispania

Boortaqiis

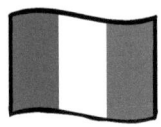

Kifaransa

Faransiis

Kiarabu

Carabi

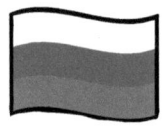

Kirusi

Ruush

Kireno

Boortaqiis

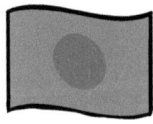

Kibengali

Bengaali

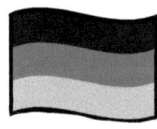

Kijerumani

Jarmal

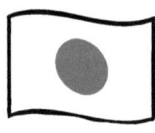

Kijapani

Jabaaniis

mimi

aniga

wewe

adiga

yeye / yeye / ni

asaga / ayada

sisi

annaga

wewe

idinka

wao

ayaga

nani?

kee?

nini?

maxay?

jinsi gani?

sidee?

wapi?

xagee?

lini?

goorma?

jina

magac

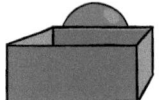

nyuma
gadaal

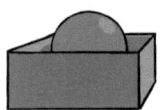

katika
gudaha

mbele ya
horta

juu ya
ka sare

kwenye
dusha

chini ya
ka hooseeya

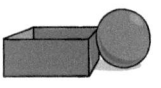

kando
dhinac

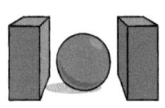

kati
u dhexeeya

mahali
meel